MEIN REISE TAGE BUCH

ICH REISE NIEMALS OHNE TAGEBUCH. MAN SOLLTE IMMER ETWAS AUFREGENDES ZU LESEN BEI SICH HABEN.

OSCAR WILDE

Mein Urlaub in

....

vom ....

bis ....

WELTENBUMMLER ...

Hierhin verreise ich!

Hier war ich schon

Da will ich noch hin

CHECKLISTE 1

Vor dem Urlaub erledigen

- [ ] Personalausweis/Reisepass noch gültig?
- [ ] Kreditkarte beantragen
- [ ] Geld wechseln
- [ ] Impfen lassen
- [ ] Auslandskrankenversicherung
- [ ] Reiserücktritts-/Reisegepäckversicherung abschließen
- [ ] Internationaler Führerschein
- [ ] Blumengießen/Haustier-Pflege organisieren
- [ ] Post und Zeitung abbestellen
- [ ] Ausweise/Reiseunterlagen kopieren
- [ ] Wichtige Zahlungen erledigen

**ICH HÖRE NACHTS DIE LOKOMOTIVEN PFEIFEN,
SEHNSÜCHTIG SCHREIT DIE FERNE,
UND ICH DREHE MICH IM BETT HERUM
UND DENKE: „REISEN …“**

Kurt Tucholsky

- [ ]
- [ ]
- [ ]
- [ ]
- [ ]
- [ ]
- [ ]
- [ ]
- [ ]
- [ ]
- [ ]
- [ ]
- [ ]
- [ ]
- [ ]
- [ ]
- [ ]

VOR LAUTER VORFREUDE NICHT VERGESSEN!

CHECKLISTE 2

Am Abend vor der Abreise

- ○ Koffer wiegen
- ○ Wertsachen deponieren/verstecken
- ○ Geheimnummern/PIN merken
- ○ Elektrogeräte ausstellen/Stecker ziehen
- ○ Kühlschrank leeren
- ○ Adresse hinterlassen/Schlüssel hinterlegen
- ○ Heizung aus/herunterdrehen
- ○ Wasser abdrehen
- ○ Müll raustragen
- ○ Fenster/Türen/Rollläden gesichert?
- ○
- ○
- ○
- ○
- ○
- ○
- ○

DIE WELT IST EIN BUCH, UND WER NICHT REIST, LIEST DAVON NICHT EINE EINZIGE SEITE.

Augustinus Aurelius

VOR LAUTER VORFREUDE NICHT VERGESSEN!

CHECKLISTE 3
Ich packe meinen Koffer ...

Das Wichtigste zuerst:

- ◯ Personalausweis/Reisepass einstecken
- ◯ Geld/Kreditkarte/EC-Karte (+ Nr. zum Sperren bei Diebstahl)
- ◯ Führerschein
- ◯ Reise-/Buchungsunterlagen/Hotelvouchers
- ◯ Wichtige Adressen/Telefonnummern (Hotel, Veranstalter ...)
- ◯ Tickets An- und Abreise
- ◯ Hausschlüssel

Bekleidung:

- ○ Pullover/T-Shirts
- ○ Jacke
- ○ Kurze/lange Hose
- ○ Rock/Kleid
- ○ Socken/Strümpfe
- ○ Unterwäsche
- ○ Schuhe/Hausschuhe
- ○ Rucksack/Tasche
- ○ Badebekleidung

Ich packe meinen Koffer ...

Reiseapotheke:

- ○ Pflaster
- ○ Desinfektionsmittel
- ○ Mückenschutz
- ○ Ohrstöpsel
- ○ Erkältungsmittel
- ○ Magentabletten
- ○
- ○
- ○
- ○
- ○
- ○
- ○
- ○
- ○
- ○
- ○
- ○
- ○
- ○
- ○

Kosmetik:

- ○ Shampoo
- ○ Duschgel
- ○ Bodylotion
- ○ Deo
- ○ Zahnbürste
- ○ Zahncreme
- ○ Fön
- ○ Sonnencreme
- ○ Papiertaschentücher
- ○
- ○
- ○
- ○
- ○
- ○
- ○
- ○
- ○
- ○
- ○
- ○

CHECKLISTE 4

Elektronische Geräte:

- ○ Handy
- ○ Mp3-Player
- ○ Laptop/Tablet
- ○ Batterien/Akkus
- ○ Ladekabel/-geräte
- ○ Fotoapparat
- ○ Speicherkarten
- ○ Wecker
- ○
- ○
- ○
- ○
- ○
- ○
- ○
- ○
- ○
- ○
- ○
- ○
- ○

Sonstiges ...

- ○
- ○
- ○
- ○
- ○
- ○
- ○
- ○
- ○
- ○
- ○
- ○
- ○
- ○
- ○
- ○
- ○
- ○
- ○
- ○
- ○

POSTKARTEN

Urlaubsgrüße gehen an ...

**WENN JEMAND EINE REISE TUT,
SO KANN ER WAS ERZÄHLEN.**

Matthias Claudius

Erste Planung - das möchte ich gerne sehen

TAG 1

TAG 2

TAG 3

TAG 4

TAG 5

TAG 6

TAG 7

SONSTIGES

TAG 8

TAG 9

TAG 10

TAG 11

TAG 12

TAG 13

TAG 14

SONSTIGES

TAG 15

TAG 16

TAG 17

TAG 18

TAG 19

TAG 20

TAG 21

SONSTIGES

TAG 22

TAG 23

TAG 24

TAG 25

TAG 26

TAG 27

TAG 28

SONSTIGES

**WEGE ENTSTEHEN DADURCH,
DASS WIR SIE GEHEN.**

Franz Kafka

MEIN
REISE
TAGE
BUCH
AIR MAIL
IMMIGRATION & ETHNIC AFFAIRS
12 DEC 2008

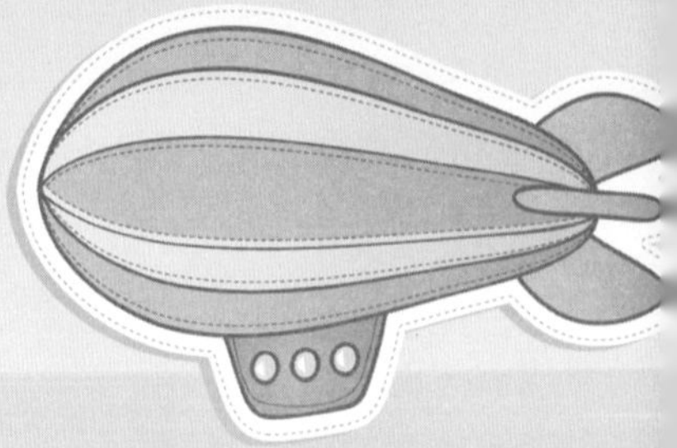

DAS WAR BESONDERS SCHÖN

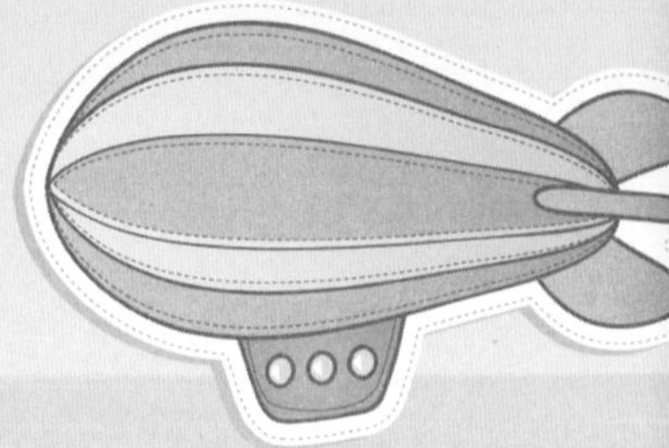

GEHEIMTIPP!

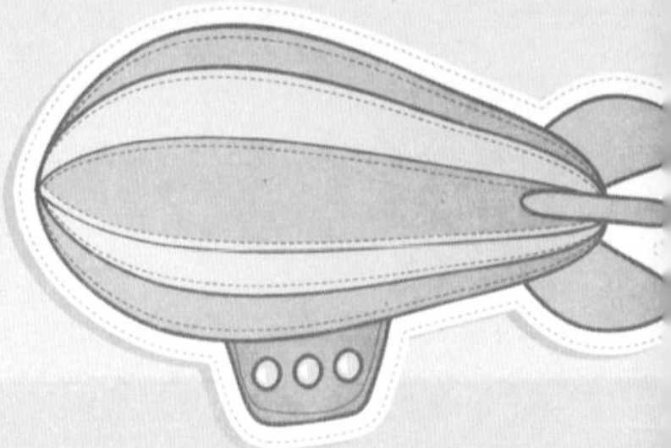

ZITAT DES TAGES

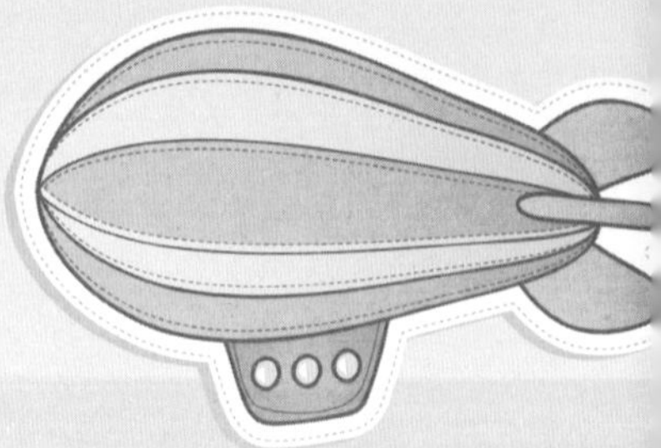

FOTO

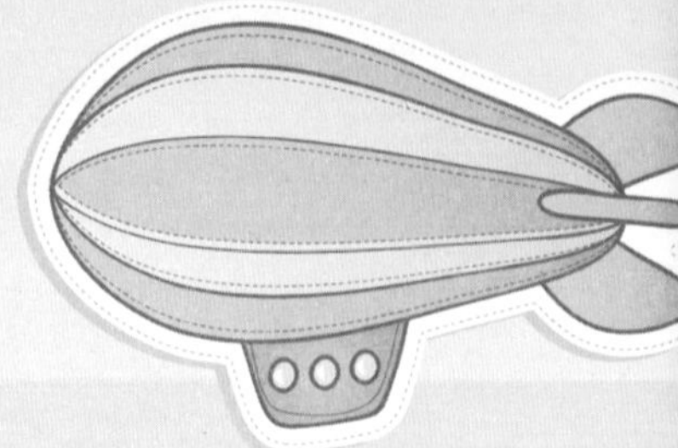

ENTSPANNUNGS-
BAROMETER

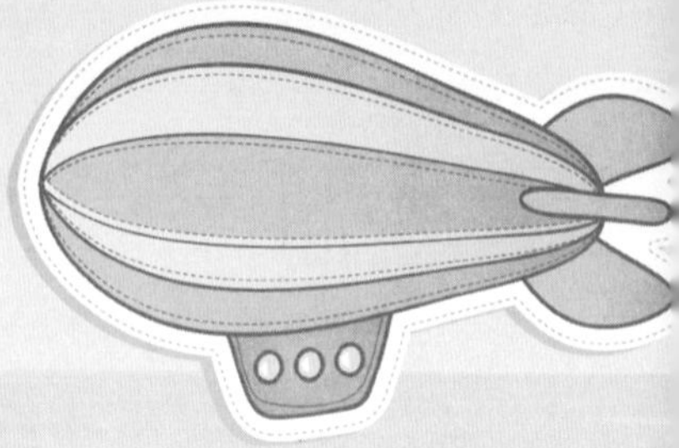

DAS WAR
BESONDERS SCHÖN

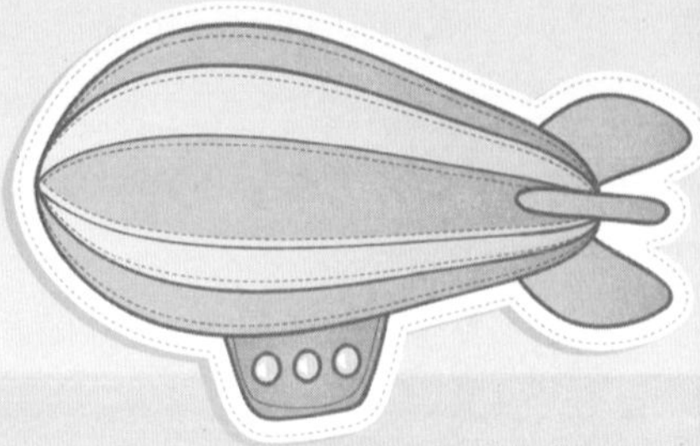

GEHEIMTIPP!

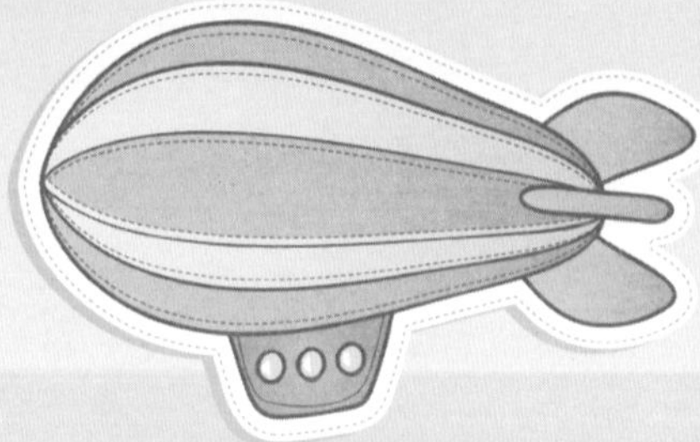

ZITAT DES TAGES

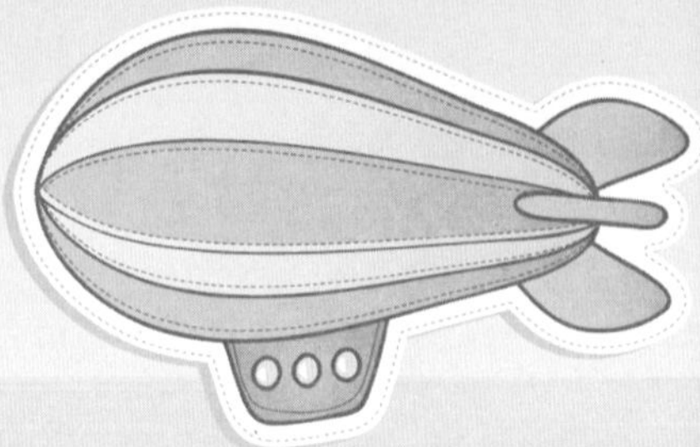

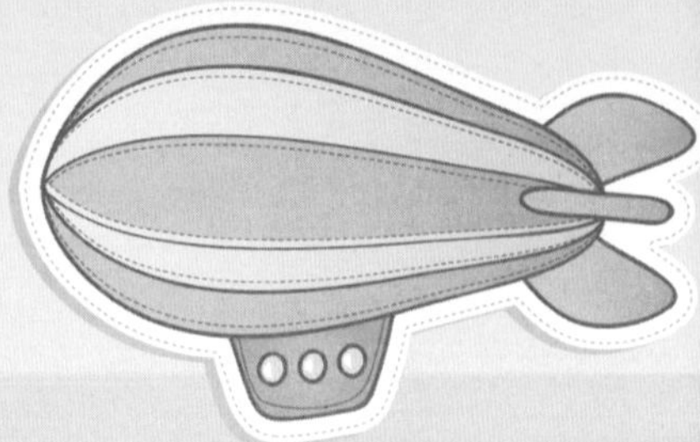

ENTSPANNUNGS-
BAROMETER

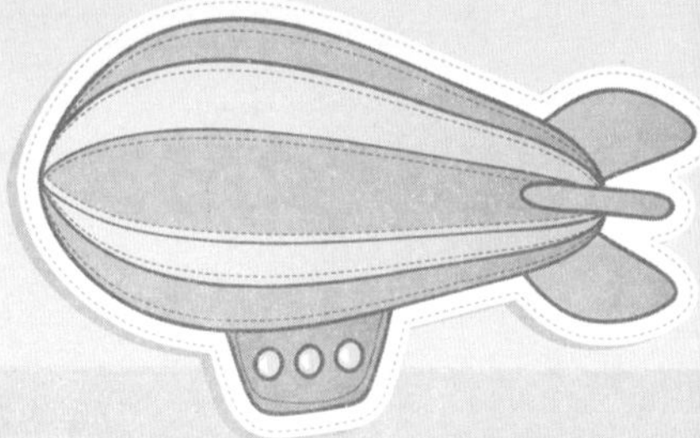

ALS SOUVENIR MITNEHMEN

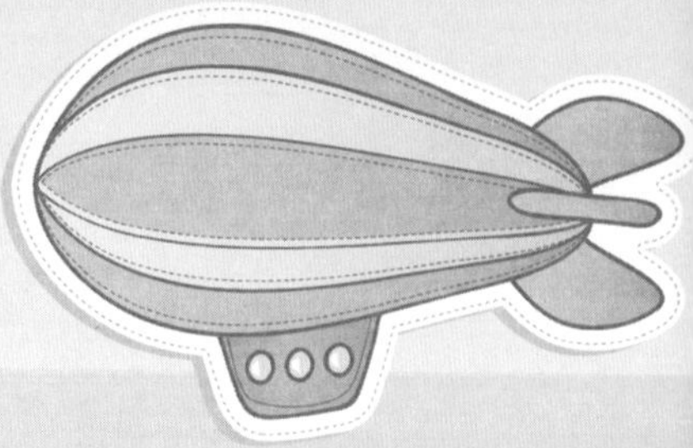

DAS WAR BESONDERS SCHÖN

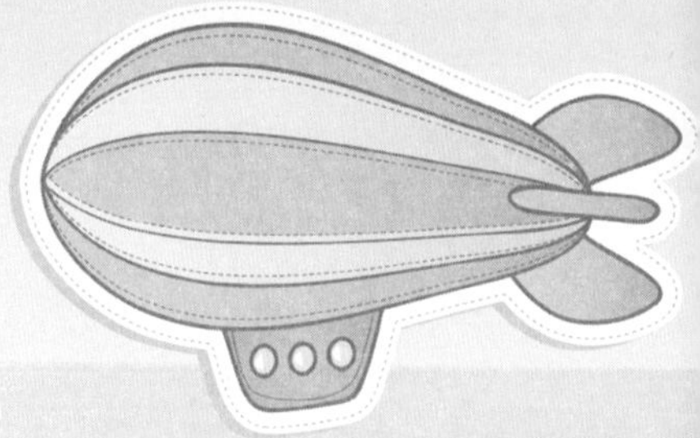

GEHEIMTIPP!

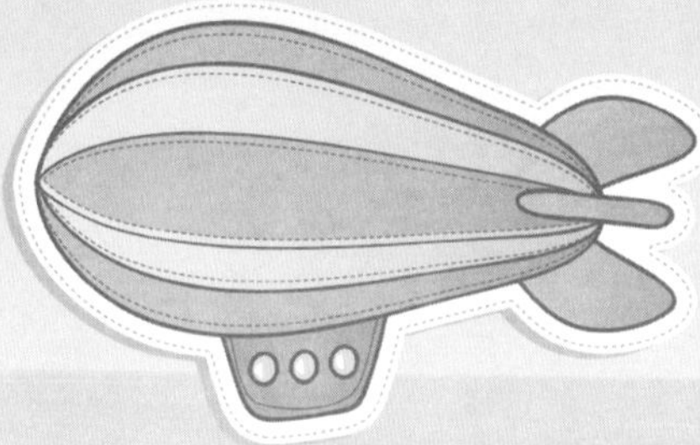

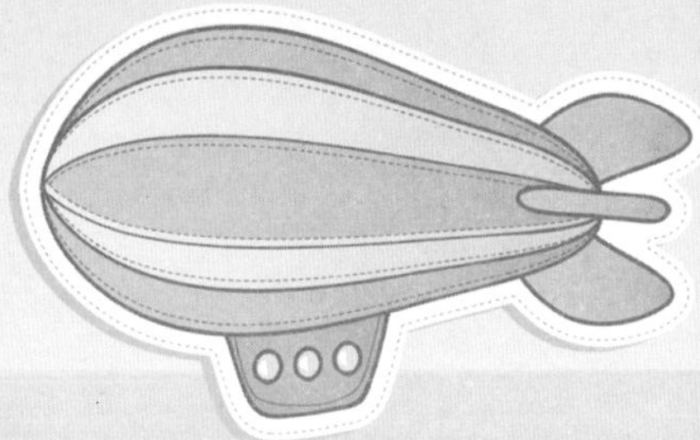

FOTO

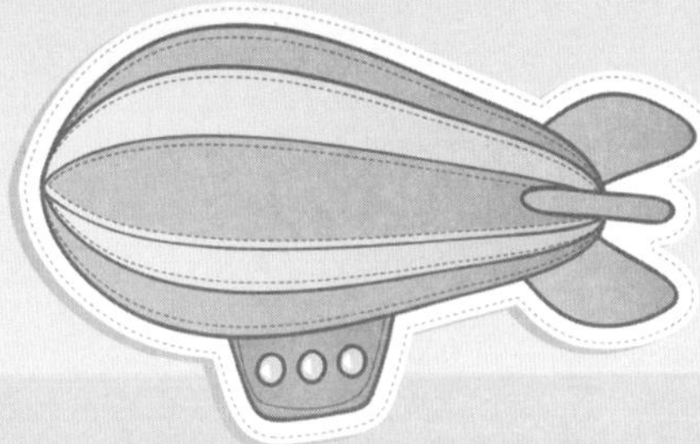

ENTSPANNUNGS-
BAROMETER

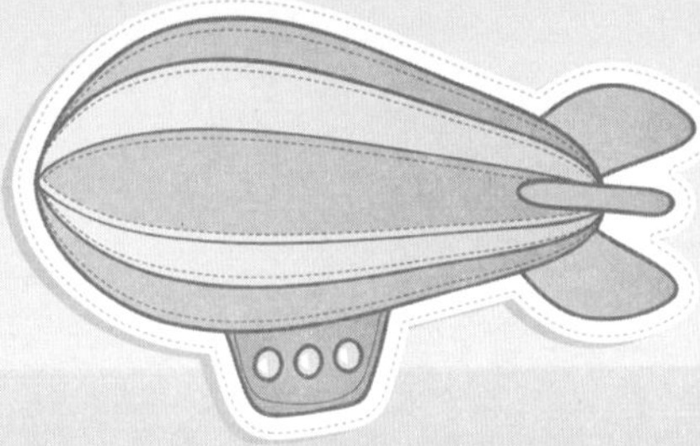

DAS WAR BESONDERS SCHÖN

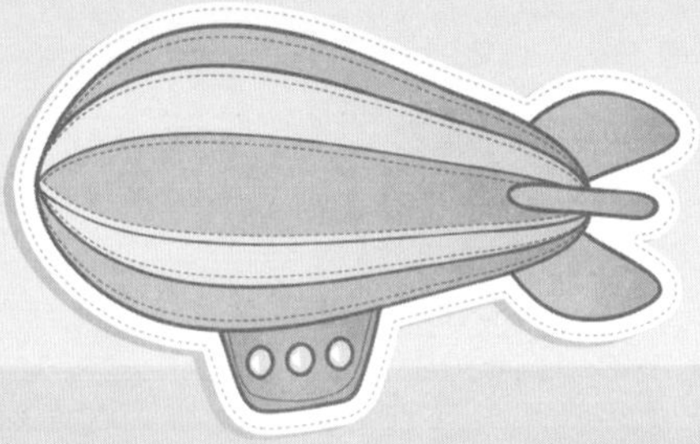

GEHEIMTIPP!

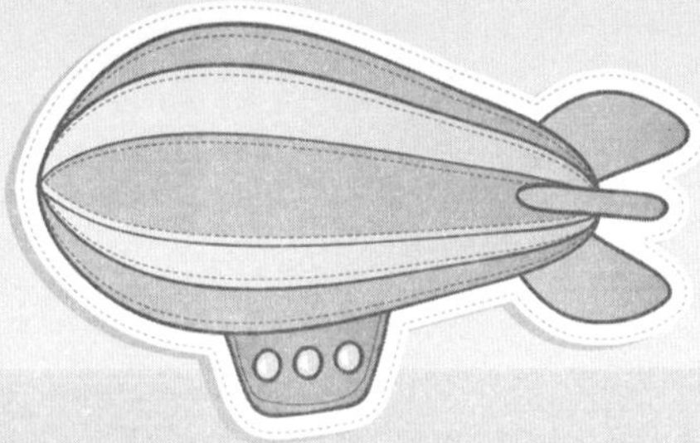

ZITAT DES TAGES

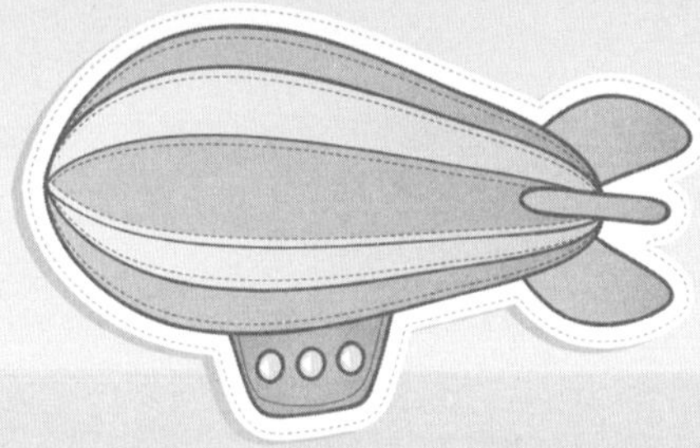

FOTO

**VIEL ZU SPÄT BEGREIFEN VIELE
DIE VERSÄUMTEN LEBENSZIELE:
FREUDEN, SCHÖNHEIT UND
NATUR, GESUNDHEIT, REISEN UND
KULTUR. DARUM, MENSCH,
SEI ZEITIG WEISE!
HÖCHSTE ZEIT IST'S!
REISE, REISE!**

WILHELM BUSCH

MEIN REISE TAGE BUCH

REISEERINNERUNGEN

MEINE ENTDECKUNGEN

Lieblingsorte, Restaurants, Strände, Märkte und mehr ...

SONSTIGES

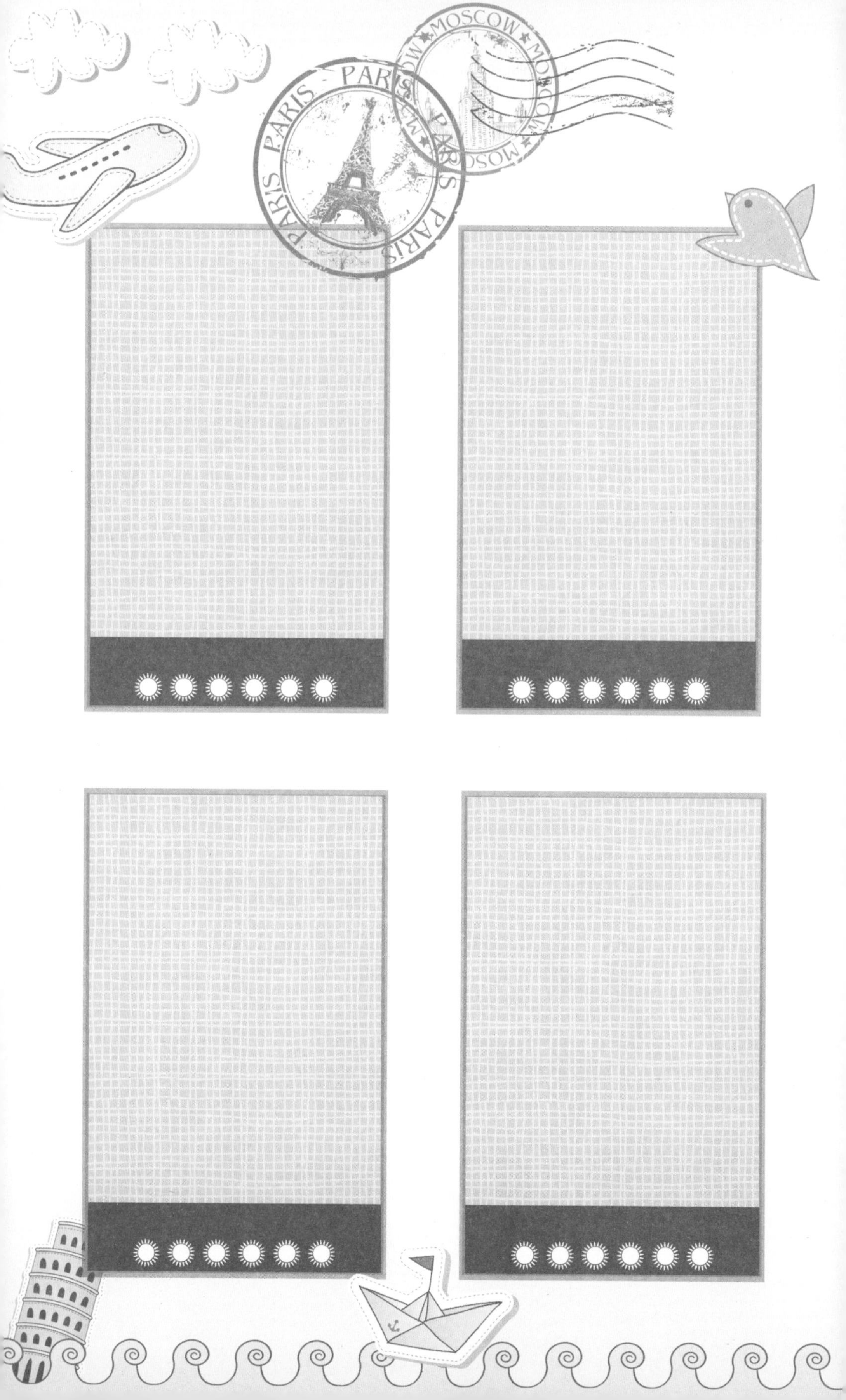
PARIS
MOSCOW

SONSTIGES

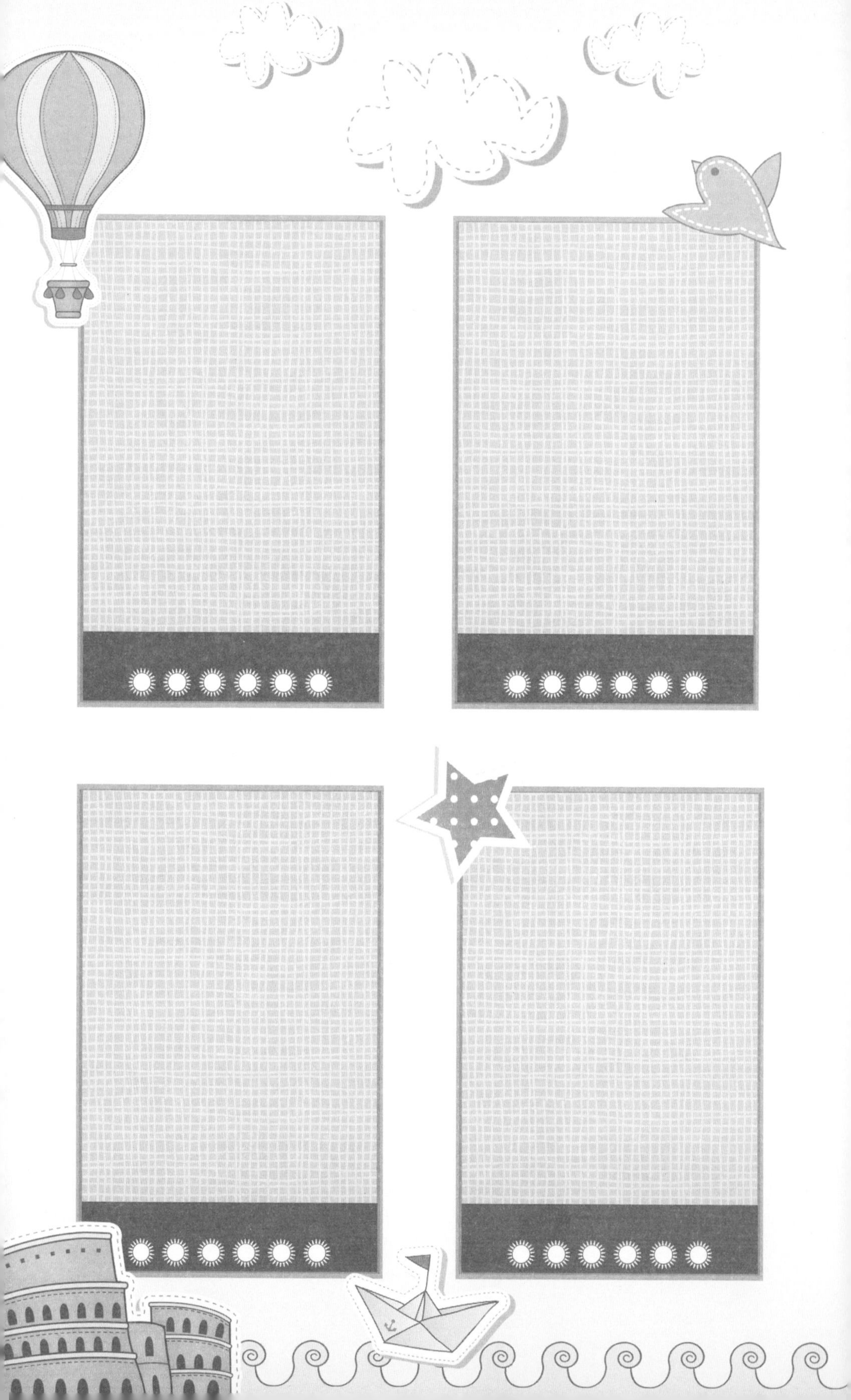

SONSTIGES

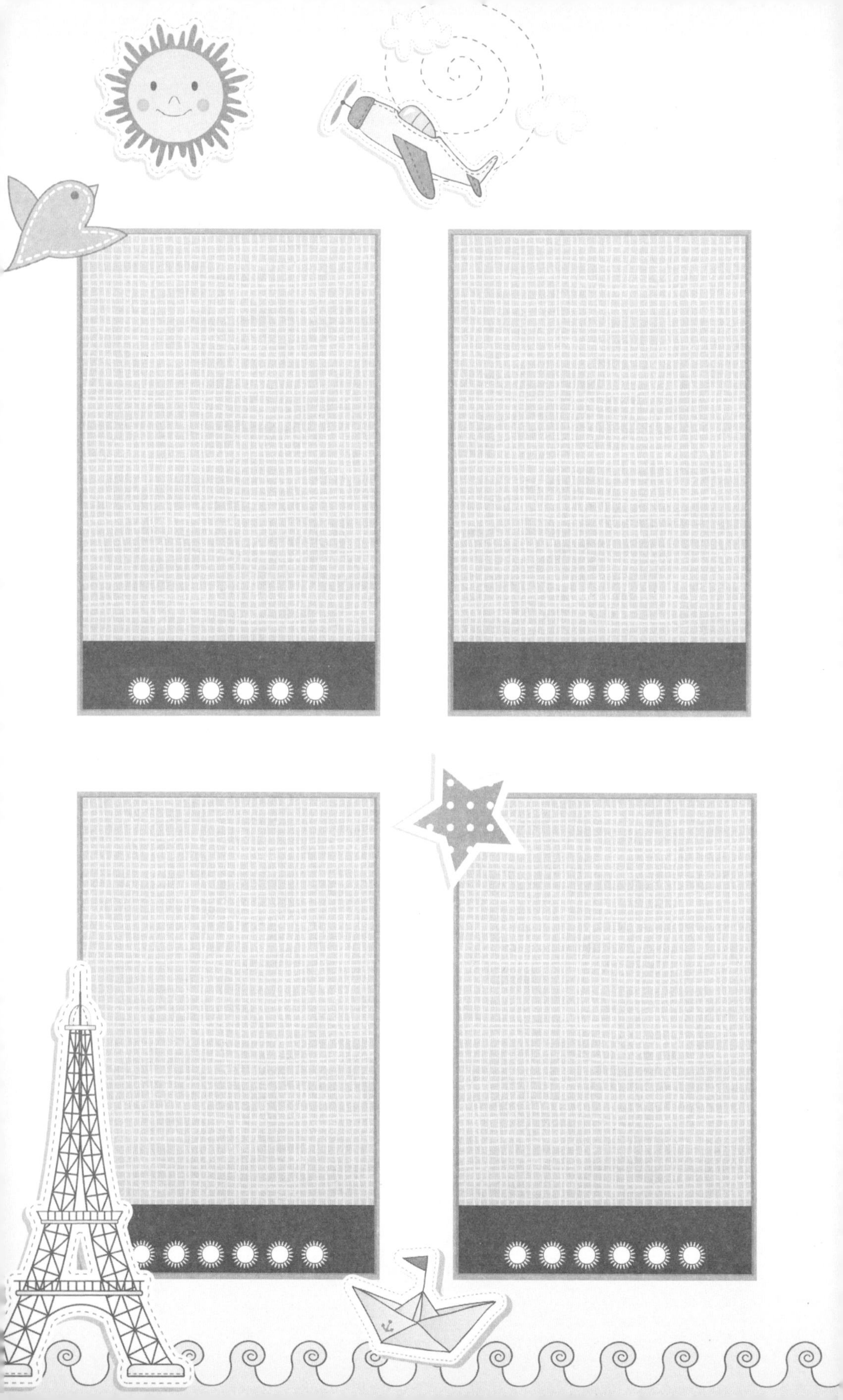

SONSTIGES

REISEERFAHRUNGEN

SO WAR TAG 1

SO WAR TAG 2

SO WAR TAG 3

SO WAR TAG 4

SO WAR TAG 5

SO WAR TAG 6

SO WAR TAG 7

SONSTIGES

SO WAR TAG 8

SO WAR TAG 9

SO WAR TAG 10

SO WAR TAG 11

SO WAR TAG 12

SO WAR TAG 13

SO WAR TAG 14

SONSTIGES

SO WAR TAG 15

SO WAR TAG 16

SO WAR TAG 17

SO WAR TAG 18

SO WAR TAG 19

SO WAR TAG 20

SO WAR TAG 21

SONSTIGES

SO WAR TAG 22

SO WAR TAG 23

SO WAR TAG 24

SO WAR TAG 25

SO WAR TAG 26

SO WAR TAG 27

SO WAR TAG 28

SONSTIGES

Erinnerungsstücke

Erinnerungsstücke

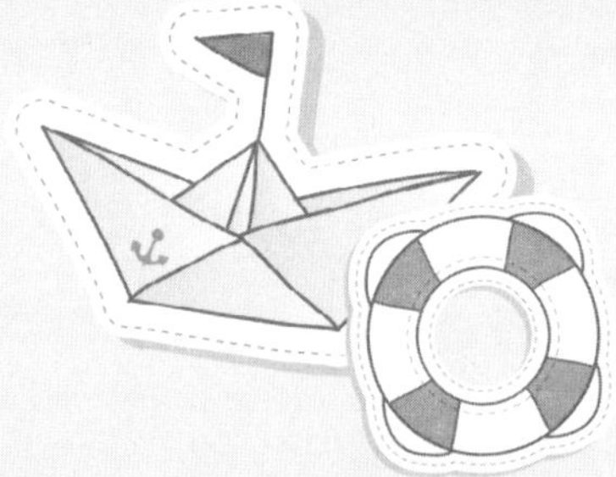

Erinnerungsstücke

LONDON
ROME

Projektleitung: Sandra Jacobi
Gestaltung und Cover: Marlies Müller
Satz: Thema Media, Koblenz

Gesamtherstellung: Ullmann Medien GmbH

ISBN 978-3-7415-0170-8